MODÈLES GRADUÉS

POUR

APPRENDRE A LIRE,

Par CHAMERAT,

Instituteur.

En apprenant du maître la pratique, l'élève
descend de lui-même à la théorie.

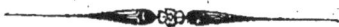

LYON,
CHEZ LES PRINCIPAUX LIBRAIRES.

1844.
1843

LYON. — IMPRIMERIE DE BOURSY FILS, RUE DE LA POULAILLERIE, 19.

AVERTISSEMENT.

La lecture étant oculaire avant d'être orale, il est nécessaire, seulement pour les commençants, de donner aux voyelles et aux consonnes, hors de la syllabe, le minimum d'une valeur phonique étrangère à la syllabe. Or, l'expérience montre qu'il faut nommer les voyelles et les consonnes, non pas par le nom des lettres, mais par le son le plus approchant que les voyelles et les consonnes ont dans la syllabe; ainsi, les voyelles et les consonnes *y*, *œ*, *ai*, *eai*, *ei*, *au*, *eau*, *ou*, *eu*, *œu*, *am*, *an*, *em*, *en*, *im*, *in*, *aim*, *ain*, *ein*, *ym*, *yn*, *om*, *on*, *eon*, *um*, *un*, *eun*, *b*, *c*, *d*, *f*, *g*, *j*, *k*, *l*, *m*, *n*, *p*, *q*, *r*, *s*, *t*, *v*, *x*, *z*, *ch*, *ph*, *gn*, seront nommées *i*, *é*, *è*, *ê*, *ô*, etc., *be*, *ke*, *de*, *fe*, *gh*, *je*, *ke*, *le*, *me*, *ne*, *pe*, *ke*, *re*, *se*, *te*, *ve*, *xe*, *ze*, *che*, *phe*, *gne*.

Pour lire une syllabe, il suffit d'omettre le son de l'é muet ajouté à la consonne. Quand l'enfant saura bien épeler, c'est-à-dire quand il saura bien nommer le son des voyelles et des consonnes de chaque syllabe, il ne devra plus épeler; et s'il rencontre une syllabe qu'il ne puisse pas lire, soit à cause de quelques lettres nulles, soit à cause de quelque irrégularité, le maître la prononcera avant de la lui faire épeler; l'élève alors la répétera et l'épellera, ayant soin de ne pas nommer les lettres, mais seulement les sons : c'est là toute la théorie de la lecture pour des enfants.

Ces modèles de lecture sont imprimés en gros caractères afin que le maître, au milieu

de douze enfants , puisse les faire lire tous
ensemble et plus avantageusement pour chacun que s'il employait le même temps pour
un seul.

—

Modèle d'épellation.

2. a, ba; i, di; badi; é, né; *badiné.* u, cu;
i, pi; cupi; i, di; cupidi; é, té; *cupidité.*
3. ar, car; i, di; cardi; al, nal; *cardinal.*
ac, l'ac, i, ti; l'acti; i, vi; l'activi; é, té;
l'activité. ig, zig; ag, zag; *zigzag.* ars, *mars.*
arc, *marc.* urc, *turc.* à, blà; a, ma; blâma;
e, ble; *blâmable.* 4. a, sca; a, ra; scara; ée,
bée; *scarabée.* ar, scar; a, la; scarla; i, ti;
scarlati; e, ne; *scarlatine.* 5. ex, l'ex; é, tré;
l'extré; i, mi; l'extrémi; é, té; *l'extrémité.*
6. a, ba; ai, lai; *balai.* ul, vul; ai, gai;

vulgai; e, re; *vulgaire.* 7. ê, quê; eur, teur; *quêteur.* 8. u, pu; i, bli; publi; ain, cain; *publicain.* 9. a, ma; é, ré; maré; al, chal; *maréchal.* 10. am, cam; e, phre; *camphre.* am, cham; a, pa; champa; e, gne; *champagne.*

On voit que pour épeler une syllabe il ne faut nommer que deux sons, d'abord le son de la voyelle et ensuite celui de la consonne donnant son son, moins l'*e* muet, à cette même voyelle.

ALPHABETS.

1.

Aa*a*, Bb*b*, Cc*c*,
Dd*d*, Eee*è*é, Ff*f*,
Gg*g*, Hh*h*, Ii*i*, Jj*j*,
Kk*k*, Ll*l*, Mm*m*,
Nn*n*, Ooo, Pp*p*,
Qq*q*, Rr*r*, Sss, Tt*t*,
Uu*u*, Vv*v*, Ww*w*,
Xx*x*, Yy*y*, Zz*z*.

MOTS A LIRE

après avoir épelé chaque syllabe.

2.

Badiné, cupidité, domino, figuré, galopé, jubilé, karata, localité, majorité, nativité, popularité, ridiculité, sévérité, timidité, volubilité, xénopé, zéro, fixité, dureté, semé, il sèmera, il bêlera, piqûre, devenu, maxime, coq, calcul, colza, l'Atlas, l'hospitalité.

3.

Cardinal, l'activité, zig-zag, mars, marc, Turc, blâ-mable, bravade, brûlure, clérical, cravate, cristal, crypte, draperie, il flétrira, balafre, glanure, il grêlera, placardé, praticable, proxi-mité, tribunal, c-sol-ut, czar, czarine, psalmiste, psora, Ptolomée, scalène.

4.

Scarabée, fièvre scarlatine, scorsonère, scribe, scrupule, spiritualité, stabilité, stature, stère, stérilité, stygmate, stomacal, stricte, stuc, stupidité, style, Styx, Smyrne, bref, brief, flegme, prospectus, julep, luzernière, l'adjectif, l'hiver a fini hier, spirituel, spectacle, spectre.

5.

L'extrémité, flexibilité,

décalogue, marguerite, sy-
nagogue, il guidera, gas-
trique, bloqué, quel, quelque, quiproquo, lorsque,
puisque, jusque, presque,
soldatesque, romanesque,
statistique, stygmatique,
scolastique, splénique,
squine, OEdipe, l'œdème,
l'œnomel.

6.

Balai, vulgaire, vicaire,
migraine, maître, le quai,
la reine, une peine, la Sei-

ne, la baleine, verveine,
pleine, l'aumône, l'austérité,
la gaufre, l'holocauste, la
fraude, le caudataire, psau-
me, caveau, il coudra, il
gouvernera, douzaine, jeu-
di, l'ouest, le Dieu sauveur.

7.

Quêteur, zélateur, dro-
gueur, liqueur, la sœur, le
cœur, scrutateur, pseudo-
nyme, l'œuvre, manœuvre,
tambour, gambade, il cam-
pera, flambeau, le scandale,

l'empereur, trembleur, ré-
dempteur, vendeur, l'impri-
meur, la guimbarde, quin-
quina, la faim, le symbole,
la syntaxe, grain, gain.

8.

Publicain, peintre, l'em-
preinte, restreindre, tombe-
reau, complainte, contrain-
te, guéridon, quiconque,
quelconque, l'humble, par-
fum, lundi, d'aucun tribun,
défunte, l'emprunteur, ner-
prun, à jeun, moineau, l'oc-

troi, droiture, bienfaiteur, le duc d'Enghien, quoique le vaurien.

9.

Le maréchal, un chimiste, une cruche, Vichy, chair fraîche, chacun cherchera, une chambre, manchon, chanoine, Autrichien, mon prochain, il chantera, sopha, phénix, zéphyr, strophe, typhus, l'apostrophe, sphère, l'atmosphère, blasphémateur, phlébotomiste.

10.

Camphre, prophète, l'antiphonaire, dauphin, triomphante, siphon, Symphorien, épagneul, compagnon, Champagne, l'égratignure, l'empeigne, la baignoire, magnétisme, magnifique, l'araignée, baigneur, le bel agneau, peignoir, Carignan, seigneur, Bourguignon, épargne.

11.

Flavigny, campagnarde,

ceci, célèbre, cèdre, Bicê-
tre, cet espace, spécialité,
cynisme, façade, garçon,
un reçu, l'occiput, j'accepte,
l'arceau, la veine cœcale,
douceâtre, doucin, l'accé-
lérateur, farceur, médecin,
cancer, ceinture, décembre,
cymbale.

12.

Balançoire, menaçante,
accidentel, occidental, noir-
ceur, pharmacien, pharma-
ceutique, magnificence, cet

abrégé, il gèlera, il me gê-
nera, giberne, l'Egypte, ger-
çure, il gagea, gageur, pla-
gæ, mangeable, vengeance,
gingembre, pigeon, gigan-
tesque, suggestion.

13.

Il me suggèrera, l'égru-
geoir, la mangeoire, péla-
gien, magicien, chirurgien,
géographie, l'homme s'ap-
proche, il arrivera, elle s'ac-
cordera avec l'ennemi de
maîtresse, chandelle, la

2

scène, chouette, quelle gazette czarienne, la scie.

14.

La sciure, sciatique, scélératesse, sceptique, partial, le sceptre, impartial, impartialité, initial, nuptial, insatiable, Miltiade, prophétie, argutie, ineptie, facétie, primatie, Galatie, satiété, partiel, l'essentiel, substantiel, Egyptien, Egyptienne.

15.

La caution, l'excavation,

l'exploitation, trésor, désir, familiarité, elle s'usera, il a osé, la troisième nation, une phrase, mauvaise chaise, chose, philosophe, l'oiseau, physicien, gourmandise, il te déshéritera, déshonorable, Sinaï, elle a haï.

16.

Abigaïl, Caïphe, aïeul, bisaïeul, Caïn, il coïncidera, païen, païenne, égoïsme, égoïste, exiguë, contiguë, ciguë, besaiguë, Raguël, cy-

cloïde, Emmaüs, Menelaüs,
Pirithoüs, Esaü, Saül.

17.

Un paysan, deux paysannes, paysage, paysagiste,
deux rayons, trois crayons,
un balayeur, balayeuse, il
se dépaysera, quayage, un
royaume, deux tuyaux, un
fuyard, l'écuyer, ambitieux,
dévotieuse, les sept psaumes pénitentiaux, captieux.

18.

Les balayures, je balbutie, tu l'inities, ils balbutient, ils l'initient, ils balbutièrent, ils l'initièrent, les layetiers fabriquent des layettes, ils fabriquaient, ils fabriquèrent, ils se dépaysèrent en se dépaysant, qu'ils se dépaysassent, ils me payèrent.

19.

Nous nous dépaysâmes, ils l'envoyèrent, vous payâtes, nous l'essayâmes, vous l'essayâtes, cette femme, ardemment, innocemment, éminemment, conséquemment, fréquemment, sciemment, décemment, indécemment, récemment.

20.

Diligemment, négligemment, patiemment, impatiemment, solennel, solennellement, solennisation, solennité, solenniser, nous solenniserons, ils solennisèrent, science, conscience, prescience, expérience, audience, quotient, patient.

21.

Patience, impatient, impatiente, impatience, s'impatienter, Orient, désorienter, emmener, vous l'emmènerez, ils l'emmenèrent, ennoblir, ennuyer, elles se désennuyèrent, ennuyeux, indemnité, indemniser, ils l'indemnisèrent, vous l'indemniserez, hennir.

22.

Ils m'indemnisent, ces chevaux hennissent, ils hennissaient, le hennissement, en m'indemnisant, grésil, babil, cil, péril, avril, une quille, la béquille, Guillaume, les guillemets, anguille, fille, soleil, l'oreille, une veillée, la veilleuse, les groseilles.

23.

Merveilleux, la vieillesse, une vieillerie, un vieillard, Tilhon, Marsilhargue, Milhaud, Pardalhac, Sully, un gentilhomme, fenouil, citrouille , quenouille , une cuillerée, la cuillère, cuille-ron, juillet , ail, l'ail, ailleurs, d'ailleurs, un bail, bercail, gaillard.

24.

Quincaillerie , gaillarde, faillir , infaillible , épousail-les, Versailles, antiquailles, jaillir, gaillardise, fiançailles, mangeaille, railleur, vaillan-ce, médaille, crémaillère, piailleur, piailleuse, criail-leur, criailleuse, criaillerie,

seuil, deuil, fauteuil, bou-
vreuil.

25.

Feuille, feuillage, cueil-
lir, nous cueillerons, elles
cueillent, nous cueillîmes,
vous cueillîtes, elles cueil-
lirent, accueillir, elle l'a ac-
cueilli, cueilloir, cueillage,
cueillette, cueilleur, cueil-
leuse, un recueil, deux cer-
cueils, l'accueil, orgueil, l'orgueil, l'orgueilleux.

26.

L'orgueilleuse, l'œil, un coup-d'œil, quatre œils-de-bœuf, l'œilleton, œillade, œillère, un bel œillet, marchande d'œillets, ils travaillent, elles travaillent, ceux-ci travaillèrent, ils veilleraient, elles veillèrent, qu'ils veillassent, en veillant.

27.

Enivrer, enivrement, désenivrer, enoiseler, enorgueillir, j'enivre, ils se désenivrent, ceux qui enoiselèrent, tu t'enorgueillissais, ils s'enivrèrent, elles se désenivreraient, en l'enoiselant, vous l'enorgueillirez, en s'enorgueillis-

sant, ils s'enivrèrent, ils s'enor-
gueillirent.

28.

Une ame, votre ame, une aune,
une autre, quelque autre, quatre
hommes, quatre autres, une heure, quatre heures, funeste ardeur,
funeste hasard, une hauteur, cette
haine, quatre hameaux, cette hâ-
tiveté, une hâblerie, votre har-
diesse, cette horde, viande hachée,
mine hagarde.

29.

Ton esprit, son entêtement, il
est trop étroit, elle est trop irri-
tée, il a cinq ans, son premier enfant, un léger obstacle, un singu-

lier effet, aller au combat, il faut chanter un cantique, il veut cacheter une lettre, il va tracer une ligne, il s'en est allé chez un ancien ami.

30.

Il avait un nez aquilin, voici du riz au lait, prenez-en, j'en ai pris cinq ou six fois, vous l'auriez eu, si vous l'aviez aimé, travaillez avec ardeur, un estomac intraitable, pendant un long espace, c'est un franc étourdi, un long entretien, passer du blanc au noir.

31.

Sang impur, un jonc effilé, sang échauffé, un tronc antique, sang aduste, un joug aimable, sang adorable, il s'assied en sa présence, il a un pied à terre, il est armé de pied en cap, le grand ennemi, le grand Alexandre, un grand éteignoir, il est ruiné de fond en comble.

32.

Il y avait dix-neuf enfants, où sont les neuf autres, des traits envenimés, un faix accablant, des terrians en friche, un douloureux accident, les camps ennemis, une paix insidieuse, un printemps agréable, aux apôtres, les anges, le flux et le reflux, prêter le flanc aux ennemis.

33.

Prenez aussi du vieux oing, un crapaud affreux à voir, il craint le chaud et le froid, c'est un badaud étonné, il est aimable et aimé, il est aimé et aimable, Jésus-Christ a sué sang et eau, un abord agréable, un retard imprévu, un bavard effronté, un vieillard estimé, je suis d'accord avec lui.

34.

Il est sourd et muet, un départ avancé, il meurt avec joie, il est fort aimable, la mort éternelle, un désert affreux, les hanches, deux hérissons, un hochet, les plus hautes montagnes, toutes les hauteurs, un hameau, deux hameaux, un hareng, trois harengs, de bon houblon, les bons haricots.

35.

Il y avait cinq héros, on fit crier par un héraut, les astres sont des hérauts célestes qui annoncent la gloire de Dieu, l'ame souillée du péché mortel est hideuse, son humilité, ton habitude, tes hommages, les hommes, aux hérétiques, il est huit heures, il est arrivé à neuf heures ou à dix heures.

36.

Les belles histoires, c'est un grand honneur, il est cinq heures,

six hommes, ils ont un rang ho-
norable, il est heureux, un instinct intérieur, un instinct aveu-
gle, il est suspect à tout le monde,
un instinct immense, un aspect
horrible, il est circonspect en
tout, il a un respect infini, le respect humain.

PHRASES A LIRE.

37.

Job possédait quatorze mille brebis, six mille chameaux, mille paires de bœufs et mille ânesses. Lamech a vécu sept cent septante-sept ans. Malaléel a vécu huit cent nonante-cinq ans. Enos a vécu neuf cent cinq ans. Caïnan a vécu neuf cent dix ans. Seth a vécu neuf cent douze ans. Adam

a vécu neuf cent trente ans. Noé
a vécu neuf cent cinquante ans.
Jared a vécu neuf cent soixante-
deux ans. Mathusalem a vécu neuf
cent soixante-neuf ans.

38.

Où il n'y a point de bœufs qui
labourent les terres, la grange est
vide. Où l'on travaille beaucoup,
là est l'abondance. Ses désirs tuent
le paresseux, car ses mains ne
veulent rien faire; il passe toute
la journée à désirer. N'aimez pas
le sommeil de peur que la pauvreté ne vous accable; ouvrez les
yeux dès le grand matin, et ras-

sasiez-vous de pain en le gagnant par votre travail.

39.

Comme une porte roule sur ses gonds sans quitter sa place, ainsi le paresseux tourne dans son lit sans pouvoir se résoudre à en sortir. Ne fuyez point les ouvrages laborieux, ni le travail de la campagne, qui a été créé par le Très-Haut pour occuper l'homme et pour le punir de son péché. Celui qui est mou et lâche dans son ouvrage est père de celui qui dissipe ce qu'il possède et détruit ce qu'il fait; il tombera comme lui dans une extrême pauvreté.

Le paresseux qui ne veut point étudier se croit plus savant et plus sage que sept hommes qui, par une longue étude de la sagesse, ne disent que des choses bien sensées. Il n'y a point de désordres dont l'oisiveté ne puisse être la cause.

40.

Les menteurs habituels sont ordinairement fourbes et trompeurs dans leur conduite, infidèles dans leurs promesses, dissimulés dans leurs desseins. Un esprit adonné au mensonge est capable des plus grands vices; il assurera des mensonges avec serment, et fera ainsi un péché mortel d'une faute qui, d'ailleurs, ne serait peut-être que vénielle. La vie des menteurs est une vie sans honneur, et leur confusion les accompagne toujours. Celui qui s'appuie sur des mensonges est semblable à celui qui court après les oiseaux qui volent. Le mensonge est dans un homme une tache honteuse; ce vice se trouve sans cesse dans la bouche des gens déréglés. Les lèvres menteuses sont en abomination au Seigneur. Un voleur vaut mieux qu'un homme qui ment sans cesse, et qui calomnie son prochain;

la perdition sera le partage de
l'un et de l'autre.

41.

Comme un cheval indompté
devient intraitable, de même l'enfant abandonné à sa volonté devient insolent. La folie est liée au
cœur de l'enfant; mais la verge
de la discipline l'en chassera et
le rendra sage. L'enfant qui est
abandonné à sa volonté déshon-
norera son père et couvrira sa
mère de confusion. La verge et
la correction donnent la sagesse.
Celui qui épargne la verge et la
correction hait son fils; mais celui qui l'aime véritablement s'ap-

plique de bonne heure à le corriger. Que l'œil de celui qui insulte son père, et qui méprise l'enfantement douloureux de sa mère, soit arraché par les corbeaux qui se tiennent le long des torrents, et qu'il soit dévoré par les enfants de l'aigle.

42.

Combien est infâme celui qui abandonne son père ! et combien est maudit de Dieu celui qui aigrit l'esprit de sa mère ! Soulagez votre père et votre mère dans leur vieillesse, et ne les attristez pas durant leur vie ; car la charité dont vous aurez usé envers eux ne sera point mise en oubli. Le fils qui est sage est la joie de son père. Le fils insensé est la tristesse de sa mère. Celui qui honore sa mère est comme un homme qui amasse un trésor. Celui qui honore son père trouvera sa joie dans ses enfants, et il sera exaucé au jour de sa prière. Honorez votre père et votre mère par vos actions, par vos paroles et par toutes sortes de patience dans leurs infirmités et leurs faiblesses. Il est plus avantageux de mourir sans enfants que d'en laisser après soi qui soient sans pitié.

43.

La bénédiction du père affermit la maison des enfants, et la malédiction de la mère la détruit jusqu'aux fondements. Celui qui dérobe son père et sa mère, et qui dit que ce n'est pas un péché, parce qu'il ne prend que ce qui doit lui appartenir après leur mort, a part au crime des homicides, et montre qu'il ne serait pas fâché de les voir mourir. La vieillesse est une couronne d'honneur, lorsqu'elle se trouve dans la voie de la justice. Les cheveux blancs sont la gloire des vieillards. Ne méprisez par les discours des sages vieillards, mais entretenez-vous de leurs paraboles.

44.

L'assemblée des méchants est comme un amas d'étoupes, et leur fin sera d'être consumés par le feu. Ne regardez point avec plaisir les sentiers des impies. Abstenez-vous de tout ce qui a l'apparence du mal. Celui qui hait les réprimandes est un insensé. Celui qui instruit l'imprudent est comme un homme qui veut rejoindre les pièces d'un pot cassé. L'envie et la colère abrègent les jours. Ne vous familiari-

sez point avec un homme qui
découvre les secrets qu'on lui
confie. Celui qui justifie l'injuste,
et celui qui condamne le juste,
sont tous deux abominables devant Dieu. Il est bien mort des
hommes par le tranchant de l'é-
pée, mais il en est mort davan-
tage par la langue. Un repas
d'herbes dans une maison où l'on
est aimé vaut mieux qu'un veau
gras où l'on est haï. La bonne
réputation vaut mieux que les
grandes richesses. Un corps qui
a de la vigueur vaut mieux que
des biens immenses. Il n'y a point
de richesses plus grandes que

celles de la santé du corps. La joie de l'esprit rend le corps plein de vigueur.

45.

L'homme patient vaut mieux que le courageux. Un discours à contre-temps est comme une musique pendant le deuil. La beauté dans une femme vicieuse est comme un anneau d'or au groin d'une truie; la beauté chez cette sorte de femme est un ornement mal placé, qui sera bientôt souillé. On trouve assez d'or et assez de perles, mais les lèvres savantes sont un vase précieux qu'on ne trouve pas aisément.

Une bonne nouvelle qui vient d'un pays éloigné est comme de l'eau fraîche pour celui qui a soif. Ne levez point les yeux vers les richesses que vous ne pouvez pas avoir. Ne vous fatiguez point à vous enrichir. L'avare n'aura jamais assez d'argent. Ne disputez point avec un homme riche, de peur qu'il ne vienne à vous faire un procès dans lequel les juges pourraient bien ne pas vous être favorables. N'ayez rien à démêler avec un homme puissant, de peur que vous ne tombiez dans ses mains. Les présents et les dons aveuglent les yeux des juges; il sont dans leur bouche comme un mors qui les rend muets, et qui les empêche de reprendre et de châtier les méchants.

46.

N'attristez point le cœur du pauvre par un refus, et ne différez point de donner à celui qui souffre. La charité n'est point dédaigneuse. On ne connaît les vrais amis que dans l'adversité. Tous les jours du pauvre sont mauvais; mais s'il a l'âme tranquille, et si sa conscience ne lui reproche rien, il est, malgré sa pauvreté, comme dans un festin

continuel. Celui qui donne abon-
damment aux pauvres sera en-
graissé lui-même, et celui qui les
enivre, c'est-à-dire qui les rassa-
sie de ses biens, sera lui-même
enivré des biens de Dieu. Celu
qui hait son frère est dans les
ténèbres. Si quelqu'un dit : J'aime
Dieu, et qu'il haïsse son frère,
c'est un menteur.

47.

Etant à table, cessez le premier de manger, par modestie,
et n'y faites point d'excès, de peur
de tomber en faute. Si vous êtes
assis à table avec beaucoup de
personnes, ne portez pas la main

aux viandes avant elles, et ne demandez pas le premier à boire. Le vin pris avec tempérance est une seconde vie. Le vin a été créé, dès le commencement, pour être la joie de l'homme, et non pour l'enivrer. L'excès des viandes cause des maladies. L'ouvrier sujet au vin ne deviendra jamais riche. N'excitez point à boire ceux qui aiment le vin, car le vin en a perdu plusieurs. Ne vous laissez point aller aux excès du vin, d'où naît la dissolution.

48.

Ne soyez jamais avide dans un festin, et ne vous jetez pas sur toutes les viandes. Ne vous trouvez point dans les festins de ceux qui aiment à boire. Ne regardez point le vin lorsque sa couleur brille dans le verre : il entre agréablement, mais il mord à la fin comme un serpent, et il répand son venin comme un basilic. L'insomnie, la colique et les tranchées sont le partage de l'homme intempérant. Celui qui mange peu aura un sommeil de santé; il dormira jusqu'au matin, et son ame se réjouira en lui-même de sa sobriété.

49.

La foudre et le tonnerre sont

la même chose; mais on nom-
me foudre le coup de tonnerre
qui éclate contre un corps ter-
restre. L'intervalle qui se trouve
entre l'éclair et le coup de tonnerre peut faire juger de la grandeur et de la proximité du danger; car il faut toujours un temps
très-sensible pour que le son ar-
rive à notre oreille, au lieu que
la lumière traverse le même espace et frappe nos yeux dans
un instant presque indivisible. On
se rappelle que le son parcourt
cent soixante-treize toises par seconde; d'un autre côté, les pulsations du pouls se font à peu

près dans le le même intervalle : d'où il suit que, si depuis l'éclair on compte douze à treize pulsations du pouls avant d'entendre le tonnerre, on est éloigné d'environ une lieue de l'orage. Pendant les plus violents éclats de tonnerre, la plupart des hommes prolongent leurs craintes sans raison: l'éclair seul peut nous être funeste ; l'avons-nous aperçu, c'est une folie de pâlir, de trembler, lorsque le coup se fait entendre, et de se boucher les oreilles pour se dérober à un fracas qui n'a plus rien de dangereux. Après l'éclair, le tonnerre

nous annonce que nous avons
échappé au danger de la foudre.
De sept cent cinquante mille personnes mortes à Londres dans
l'espace de trente ans, deux personnes seulement ont été fou-
droyées.

50.

En mil huit cent quarante, le
Rhône et la Saône, intelligents
dans leur fureur, semblaient pro-
fiter des ombres de la nuit pour
porter partout l'épouvante, la des-
truction et la misère. Lorsque
les fleuves, sortant de leur lit,
entraînent les maisons, submer-
gent les provinces, il est encore

quelque ressource aux malheu-
reux cultivateurs et aux autres
habitants : ils peuvent se réfugier
sur les montagnes, ou opposer
des digues à la fureur des flots;
mais dans un tremblement de
terre, tout soin est superflu, toute
précaution est impossible.

51.

Sous l'empire de Tibère, treize
villes d'Asie, situées sur la même
direction, furent en une uuit to-
talement renversées par un tremblement de terre, et un peuple
innombrable y périt enseveli sous
les ruines, principalement dans
 la grande et célèbre Antioche.

52.

En mil sept cent quarante-sept, au Pérou, Lima et Collao furent en cinq minutes entièrement détruites.

53.

Le cinq février mil sept cent quatre-vingt-trois, il y eut à Messine, en Sicile, et dans tout le royaume de Naples, un tremblement de terre qui dura trois jours. Sur trois cent septante-cinq villes, bourgs ou villages, à peine en resta-t-il vingt-cinq ; tout fut renversé, englouti ou dévoré par les flammes. Cette malheureuse contrée ne parut plus qu'un vaste désert.

54.

En sept cent quarante-deux, il y eut en Egypte et dans tout l'Orient un tremblement de terre universel ; en une nuit, six cents villes grandes et petites furent détruites et leur population a-néantie.

55.

En mil sept cent trois, Jédo , capitale du Japon, fut presque entièrement abîmée, il y périt deux cent mille âmes; et vingt-neuf ans après, Méaco, autre vil-le du même empire, fut englou-tie avec un million d'habitants.

Qui pourrait subsister devant le Tout-Puissant quand il déploie la force de son bras? Qui pourrait lui résister quand il se lève pour juger les nations? Devant lui la terre tremble, les fondements des montagnes sont agités et frémissent quand sa colère s'allume. Son indignation se répand comme un feu; elle fait fondre les pierres; elle anéantit tout ce qui est l'objet de ses justes vengeances. Qui ne vous craindrait, ô roi de la terre et des cieux! Oui, Seigneur, nous reconnaissons votre majesté souveraine, et nous l'adorons. Vos jugements sont incompréhensibles et toujours équitables; mais en même temps vous êtes bon et miséricordieux.

Il n'est pas aussi facile qu'on pourrait le croire de déterminer avec exactitude la grandeur de la terre. Cependant, grâce aux travaux des géomètres, nous connaissons à peu près aujourd'hui la grandeur de notre globe : nous savons qu'il a neuf mille lieues environ de circonférence, et que sa surface est d'environ vingt-cinq millions six cent nonante-quatre mille deux cent quarante lieues carrées, dont l'eau occupe les deux tiers. En comparaison de l'univers, le globe que nous habitons est ce qu'un grain de sable serait à la plus haute de nos montagnes. Il y a quatre principales régions du monde, qu'on appelle les quatre points cardinaux: l'Est ou le Levant, l'Ouest ou l'Occident ou bien le Couchant, le Nord ou le Septentrion, et le Sud ou le Midi. On s'oriente en se tournant vers le lieu où le soleil paraît se lever : alors on a l'Est devant soi, l'Ouest derrière soi, le Sud à sa droite et le Nord à sa gauche. Pour s'orienter la nuit, on regarde une étoile assez brillante située au Nord et qu'on appelle étoile polaire. Sur les cartes de géographie, le Nord est en haut, le Midi en bas, l'Orient à la droite et l'Occident à la gauche.

58.

IMMENSITÉ DU FIRMAMENT.

Viens, ô homme, et contemple le firmament; considère cette multitude de flambeaux qui éclairent les nuits; essaie de les compter!... Mais la faiblesse de ta vue y met obstacle, et tes yeux se perdent dans la multitude des étoiles. Eh bien! arme

tes yeux, et donne-leur une nouvelle force; prends le nouveau
télescope de Herschell, qui gros-
sit les objets environ deux mille
fois... Que vois-tu maintenant ?
Aux premiers millions se joignent
de nouveaux millions de mon-
des!... Continue tes recherches,
et entreprends de compter les
étoiles que tu as découvertes!...
Tu n'en as découvert que cent
millions, et déjà tes idées se con-
fondent;... tu vois que tous les
nombres ne sauraient exprimer
cette immensité d'objets.

59.

Depuis des siècles, les hom-

mes ont essayé de compter les
étoiles; mais les découvertes qu'on
a faites depuis l'invention des lu-
nettes démontrent assez que ce
calcul est au-delà de nos moyens:
faire le dénombrement des étoiles et une entreprise aussi impossible que celle de nombrer
les grains de sable qui couvrent
les bords de la mer. D'après les
divers résultats que peuvent donner les observations et les spécu-
lations astronomiques, des sa-
vants ont jugé que les étoiles
qu'on peut regarder comme étant
les moins éloignées de la terre,
en sont à une distance qui sur-

passe sept trillions de nos lieues communes.

60.

Nieuwentit, ayant prouvé qu'il faudrait vingt-six ans pour qu'un boulet de canon passât de la terre au soleil, en conservant la même vitesse qu'il aurait en sortant du canon, trouve, par le calcul, qu'il emploierait plus de sept cent mille ans pour parvenir à la plus voisine des étoiles fixes. Il est toutefois vraisemblable que les étoiles de la sixième et de la septième grandeur sont encore immensément plus éloignées. Supposons maintenant qu'il n'y ait que vingt de ces grandeurs, il s'ensuivra que le diamètre de tout l'univers serait si grand, qu'un boulet de canon ne pourrait le parcourir en vingt-quatre millions d'années. A une distance infinie de la dernière de nos planètes est la région des étoiles fixes, dont la plus voisine de nous est à une distance qui excède au moins trois mille milliards de nos lieues communes.

61.

SOINS DE DIEU POUR LES HOMMES.

La Providence a eu soin de moi lorsque j'étais encore dans

le sein de ma mère, et que toute
la science, toute l'industrie hu-
maine ne pouvaient me secourir.
Ce sont ses mains qui m'ont for-
mé, et qui ont arrangé tous les
membres de mon corps. Dieu a
marqué à mes veines la route
qu'elles devaient tenir, et les a rem-
plies de sucs propres à y faire
circuler la vie. Il m'a revêtu de
peau et de chair, et il m'a affer-
mi par des os et par des nerfs.
Cette même Providence, qui veil-
lait sur moi lors de ma forma-
tion, m'a continué ses soins pa-
ternels et ne m'a jamais oublié.
Quelle multitude incroyable de

besoins j'avais au moment de ma naissance! Ce ne fut pas sans peine, ce ne fut pas sans le secours d'autrui que je vins au monde ; et j'eusse bientôt perdu la vie que je venais de recevoir, si l'on n'eût préparé d'avance tout ce qui était nécessaire pour me la conserver, si des mains charitables n'eussent daigné prendre soin de moi dans cet état de dénuement et de faiblesse, ou plutôt si vous-même, ô mon Dieu! n'eussiez veillé à ma conservation.

62.

Sois vivement touché, ô hom-

me! de l'amour de préférence
dont Dieu t'honore en te distin-
guant si avantageusement de toutes les créatures visibles. Sens,
comme tu le dois, le bonheur
incomparable d'être particulière-
ment l'objet de sa bienfaisante
libéralité. C'est pour toi que la
nature entière agit et travaille
sur la terre, dans l'air et sous les
eaux : pour toi, la brebis est
chargée de sa laine ; pour toi, le
pied du cheval est armé de cette
corne dont il n'aurait pas besoin
s'il ne devait pas traîner ses far-
deaux et gravir au haut des montagnes ; pour toi, le ver à soie

file ce tissu artistement construit , s'y renferme, et te l'abandonne ensuite; pour toi, le moucheron dépose ses œufs dans les eaux afin qu'ils y servent de nourriture aux poissons qui serviront eux-mêmes à ta subsistance; pour toi, l'abeille va recueillir dans le sein des fleurs ce miel exquis qui t'est destiné; pour toi, le bœuf est attaché à la charrue, et ne demande pour prix de ses travaux qu'une légère nourriture; pour toi, enfin, les forêts, les champs et les jardins abondent en richesses dont la plupart seraient perdues si elles n'étaient à ton usage.

63.

Dans la conduite de la Providence envers l'homme, il règne une bonté bien digne d'admiration. Pour qui la poule, au lieu de ne donner qu'une vingtaine d'œufs, tout au plus, dans le cours d'une année, en pond-elle de si gros par rapport à sa taille, et pendant neuf mois de suite, contre toutes les lois de l'incubation des oiseaux? Pour qui la vache, dans de riches prairies, au lieu du lait nécessaire à son veau, en laisse-t-elle couler de ses mamelles un si grand nombre de bouteilles par jour? Mais ce n'est pas seulement à la subsistance de l'homme que Dieu a pourvu avec tant de bonté; il a daigné lui procurer mille plaisirs : c'est pour lui que chantent l'alouette et le rossignol; que les fleurs parfument l'air; que les jardins et les champs sont émaillés de leurs couleurs.

CHIFFRES ARABES.

64.

Un 1, deux 2, trois 3, quatre 4, cinq 5, six 6, sept 7, huit 8, neuf 9, dix 10, onze 11; douze 12, treize 13, quatorze 14, quinze 15, seize 16, dix-sept 17, dix-huit 18, dix-neuf 19, vingt 20, trente-un 31, quarante-deux 42, cinquante-trois 53, soixante-quatre 64, septante-cinq 75, quatre-vingt-six 86, nonante-sept 97, cent et huit 108, deux cent dix-neuf 219, trois cent trente 330, quatre cent quarante-un 441, cinq cent cinquante-deux 552, six cent soixante-trois 663, sept cent septante-quatre 774, huit cent quatre-vingt-cinq 885, neuf cent nonante-six 996, mille 1000, mille et un 1001, mille et deux 1002, deux mille et trois 2003, trois mille et quatorze 3014, quatre mille et vingt-cinq 4025, cinq mille et trente-six 5036, six mille et quarante-sept 6047, sept mille et cinquante-huit 7058, huit mille et soixante-neuf 8069, neuf mille et septante-un 9071, dix mille et quatre-vingt-deux 10082, onze mille nonante-trois 11093, douze mille cent 12100.

Un boulet de canon fait 6095 toises par minute. La terre met 365 jours 5 heures 48 mi-

nutes 35 secondes et 30 tierces à faire sa ré-
volution autour du soleil; Mercure, 88 jours;
Vénus, 284 jours; Mars, 1 an 322 jours;
Vesta, 3 ans 240 jours; Junon, 4 ans 120
jours; Cérès et Pallas, 4 ans 220 jours; Jupi-
ter, 11 ans 315 jours; Saturne, 29 ans 174
jours; Uranus, 84 ans.

CHIFFRES ARABES ET ROMAINS.

REMARQUE.

Pour connaître la valeur des chiffres romains, il faut premièrement dire le chiffre supérieur en nombre et retrancher ensuite la valeur de celui qui le précède.

1 I, 2 II, 3 III, 4 IV, 5 V, 6 VI, 7 VII, 8 VIII, 9 IX, 10 X, 11 XI, 12 XII, 13 XIII, 14 XIV, 15 XV, 16 XVI, 17 XVII, 18 XVIII, 19 XIX, 20 XX, 21 XXI, 22 XXII, 23 XXIII, 24 XXIV, 25 XXV, 26 XXVI, 27 XXVII, 28 XXVIII, 29 XXIX,

30 XXX, 31 XXXI, 32 XXXII, 33 XXXIII, 34 XXXIV, 35 XXXV, 36 XXXVI, 37 XXXVII, 38 XXXVIII, 39 XXXIX, 40 XL, 41 XLI, 42 XLII, 43 XLIII, 44 XLIV, 45 XLV, 46 XLVI, 47 XLVII, 48 XLVIII, 49 XLIX, 50 L, 51 LI, 52 LII, 53 LIII , 54 LIV, 55 LV, 56 LVI, 57 LVII, 58 LVIII, 59 LIX, 60 LX, 61 LXI, 62 LXII, 63 LXIII, 64 LXIV, 65 LXV, 66 LXVI, 67 LXVII, 68 LXVIII, 69 LXIX, 70 LXX, 71 LXXI, 72 LXXII, 73 LXXIII, 74 LXXIV, 75 LXXV, 76 LXXVI, 77 LXXVII, 78 LXXVIII, 79 LXXIX, 80 LXXX, 81 LXXXI, 82 LXXXII, 83 LXXXIII, 84 LXXXIV , 85 LXXXV , 86 LXXXVI , 87 LXXXVII, 88 LXXXVIII, 89 LXXXIX, 90 XC, 91 XCI, 92 XCII, 93 XCIII, 94 XCIV, 95 XCV, 96 XCVI, 97 XCVII, 98 XCVIII, 99 XCIX, 100

C, 200 CC, 300 CCC, 400 CCCC ou CD, 500 D ou IƆ, 600 DC ou IƆC, 900 DCCCC ou CM, 1000 mille M ou CIƆ, 1100 MC, 1500 MD, 2000 MM ou II mille, 1789 MDCCLXXXIX, 1790 MDCCXC, 10000000 dix millions X millions, 100000000 cent millions C millions, 1839 MDCCCXXXIX, 1840 MDCCCXL, 1844 MDCCCXLIV, 1849 MDCCCXLIX, 1850 MDCCCL.

PETIT LIVRET

Pour l'Addition, la Soustraction, la Multiplication et la Division que l'enfant peut faire lui-même sur cette page quand le maître les lui aura montrées.

1	2	3	4	5	6	7	8	9	10	11	12
2	4	6	8	10	12	14	16	18	20	22	24
3	6	9	12	15	18	21	24	27	30	33	36
4	8	12	16	20	24	28	32	36	30	44	48
5	10	15	20	25	30	35	40	45	50	55	60
6	12	18	24	30	36	42	48	54	60	66	72
7	14	21	28	35	42	49	56	63	70	77	84
8	16	24	32	40	48	56	64	72	80	88	96
9	18	27	36	45	54	63	72	81	90	99	108
10	20	30	40	50	60	70	80	90	100	110	120
11	22	33	44	55	66	77	88	99	110	121	132
12	24	36	48	60	72	84	96	108	120	132	144

www.ingramcontent.com/pod-product-compliance
Lightning Source LLC
Chambersburg PA
CBHW070913280326
41934CB00008B/1708